Votar es importante

T0014424

¿Por quién vota la gente?

Kristen Rajczak Nelson Traducido por Ana María García

PowerKiDS press

NEW YORK

Published in 2019 by The Rosen Publishing Group, Inc.
29 East 21st Street, New York, NY 10010

Translator: Ana María García
Editorial Director, Spanish: Nathalie Beullens-Maoui
Editor, Spanish: María Cristina Brusca
Editor, English: Elizabeth Krajnik
Book Design: Rachel Rising

Photo Credits: Cover, p. 17 Steve Debenport/E+/Getty Images; Cover (background), pp. 1, 3, 4 ,6, 8, 10, 12, 14, 16, 18, 20, 22, 23, 24 PepinoVerde/Shutterstock.com; p. 5 Joseph Sohm/Shutterstock.com; p. 7 Nils Versemann/Shutterstock.com; p. 9 JEFF KOWALSKY/AFP/Getty Images; p. 11 Gino Santa Maria/Shutterstock.com; p. 13 Justin Sullivan/Getty Images News/Getty Images; p. 15 Bill Clark/CQ-Roll Call Group/Getty Images; p. 19 Alex Wong/Getty Images News/Getty Images; p. 21 Matej Kastelic/Shutterstock.com; p. 22 tinbee/Shutterstock.com.

Cataloging-in-Publication Data

Names: Rajczak Nelson, Kristen.
Title: ¿Por quién vota la gente? / Kristen Rajczak Nelson.
Description: New York : PowerKids Press, 2019. | Series: Votar es importante | Includes index.
Identifiers: LCCN ISBN 9781538333402 (pbk.) | ISBN 9781538333396 (library bound) | ISBN 9781538333419 (6 pack)
Subjects: LCSH: Voting--United States--Juvenile literature. | Elections--United States--Juvenile literature. | Political campaigns--United States--Juvenile literature.
Classification: LCC JK1978.R35 2019 | DDC 324.60973--dc23

Manufactured in the United States of America

CPSIA Compliance Information: Batch #CS18PK For further information contact Rosen Publishing, New York, New York at 1-800-237-9932.

Contenido

Por el pueblo

En Estados Unidos, los líderes del Gobierno llegan a sus cargos porque han sido **elegidos** por la gente. Antes de alcanzar sus puestos, estos líderes deben asegurarse de que sus nombres y sus caras sean reconocidas. Tienen que mostrar de manera clara lo que representan. ¡Los **ciudadanos** de Estados Unidos deben hacer todo lo posible para conocer a las personas que se presentan a un cargo público!

Una elección oficial

Se llama *elección* al acto por el cual un grupo de personas vota por un líder en un momento determinado. El **voto** es la elección **oficial** que hace un individuo. Los votos generalmente se emiten en una hoja de papel, o **papeleta**, o en una pantalla de computadora. En la mayoría de los casos, la persona que obtiene más votos es el ganador de las elecciones.

¿Quién se presenta?

Las personas que intentan ganar una elección se llaman *candidatos*. Puede haber varios candidatos aspirantes a un mismo puesto en el Gobierno. ¡A veces se presenta solo uno! En esos casos, el candidato único seguramente ganará las elecciones, sin importar cuántas personas voten por él.

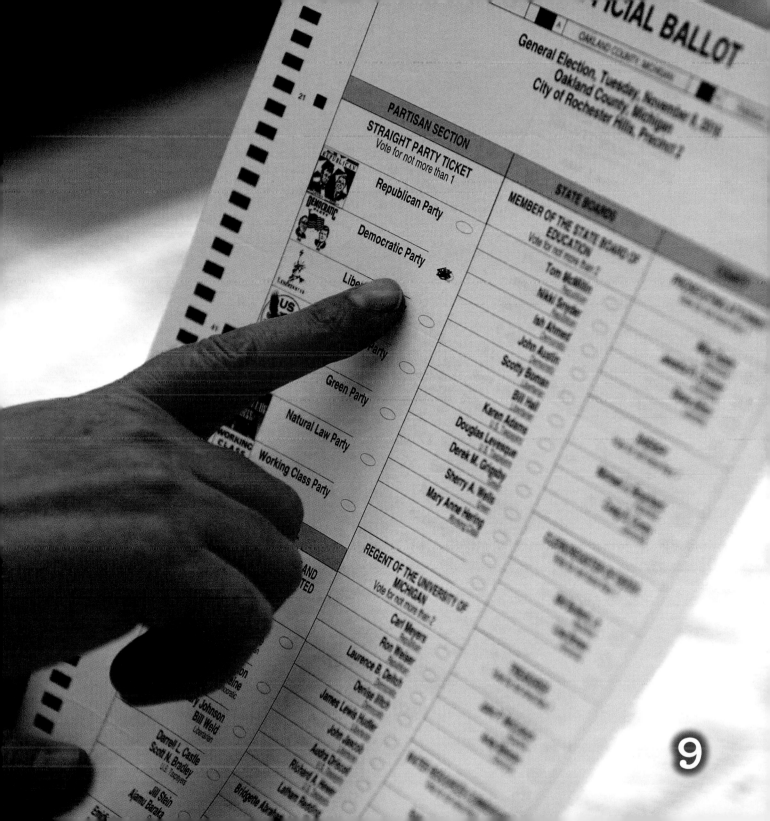

En campaña

En algunas elecciones, para aparecer en la **lista electoral**, los candidatos necesitan que los electores firmen un **documento**, ya sea impreso o en línea, conocido como *petición*. Los candidatos convocan a los electores a reuniones especiales para poder dirigirse a ellos o visitan sus vecindarios y se reúnen en sus casas. También ponen carteles. Todo este trabajo se denomina *campaña electoral*.

Fighting for us

hillaryclinton.com

Lo que representan

El **partido político** al que pertenece un candidato puede ser una de las razones por las que los electores eligen a un candidato. También, consideran el programa electoral del candidato, o lista de ideas sobre cómo se debe administrar el Gobierno, para decidir si votan por él. Durante la campaña, los candidatos suelen prometer cosas que cumplirán si ganan.

IT'S TIME TO ACT! MEDICARE FOR ALL!

13

Primero, ser ciudadano estadounidense

Existen reglas sobre quién puede presentarse a un cargo en el Gobierno. En primer lugar, cualquier candidato a las elecciones de Estados Unidos debe ser ciudadano estadounidense durante un período de tiempo establecido por la ley. Los candidatos también deben vivir en el lugar donde se presentan durante un período de tiempo determinado.

Requisitos de edad

También hay que cumplir con ciertos **requisitos** de edad. Estos pueden variar de un lugar a otro. En algunos estados, es suficiente con tener 18 años para presentarse a una **legislatura** estatal. En otros, los candidatos deben tener, por lo menos, 25 años. En ambas cámaras del Congreso, también existe un requisito de edad. Los candidatos al Senado deben haber cumplido los 30 años para postular.

17

¿Quién puede ser presidente?

Un candidato a presidente debe haber nacido en Estados Unidos y tiene que tener al menos 35 años. También debe haber vivido en Estados Unidos durante 14 años antes de presentarse a las elecciones. Estos requisitos se enumeran en la Constitución de Estados Unidos, que es la ley suprema del país.

Comienzo en la comunidad

Muchas de las personas por las que los ciudadanos votan ya son **políticos**. Sin embargo, cualquiera que cumpla con los requisitos puede presentarse a un cargo en el Gobierno.

A menudo, los líderes locales tienen otros empleos. Pueden ser enfermeros, maestros o padres. Muchos políticos comienzan en el Gobierno de su comunidad. Algunos deciden presentarse después a puestos estatales o federales.

Todos pueden presentarse

Incluso el presidente no tiene por qué empezar como político. Donald Trump fue primero un hombre de negocios. Lyndon Johnson era maestro. Algunos estudiaron Derecho. Muchos trabajos requieren destrezas que pueden ayudar a los candidatos en su cargo. ¡Solo tienen que conseguir que los ciudadanos voten por ellos!

Glosario

ciudadano: persona que vive en un país y tiene los derechos que le otorgan las leyes de ese país.

documento: escrito que ofrece información sobre algo.

elegir: escoger a alguien para un cargo mediante votación.

legislatura: el período de tiempo en el que un grupo de personas elegidas tienen el poder de hacer o cambiar leyes.

lista electoral: el conjunto de candidatos políticos a un cargo electo.

oficial: reconocido por el Gobierno o por alguien en el poder.

papeleta: papel en el que se emiten los votos en las elecciones.

partido político: grupo de personas con las mismas ideas sobre cómo se debe dirigir el Gobierno.

político: persona que trabaja en el Gobierno.

requisito: circunstancia o condición que se necesita para algo.

voto: manifestación pública o secreta de una preferencia ante una opción.

Índice

Sitios de Internet

Debido a que los enlaces de Internet cambian constantemente, PowerKids Press ha desarrollado una lista en línea de sitios de Internet relacionados con el tema de este libro que se actualiza regularmente. Utiliza este enlace para acceder a la lista: www.powerkidslinks.com/wvm/wdpvf